기초도감 **물고기** 외

펴낸 이 · 이행순
펴낸 곳 · (주)한국글렌도만
출판등록 · 1996년 1월 25일
주소 · 서울시 종로구 충신동 25-36
공급처 · (주)한국슈타이너
대표 · 조창호
전화 · 02)741-4621
FAX · 02)765-4584
기획총괄 · 예종화
기획주간 · 김영이
편집진행 · 조정희
교정 · 곽선하
디자인 · 이지은, 유하영, 김은연, 강대현(표지)
2007 ⓒ steiner korea

● 잘못 만들어진 책은 바꾸어 드립니다.

ISBN 89-16-03665-8
ISBN 89-16-03576-7(세트)

이 책에 실린 글과 그림 등의 저작권은 (주)한국글렌도만에 있습니다.
본사의 허락없이 이 책에 실린 내용의 일부 또는 전체를 어떤 형태로든
변조하거나 무단 복제하는 것은 법으로 금지되어 있습니다.

테마별 자연 나라, 생태 탐구 자연관찰

기초도감
물고기 외

(주)한국슈타이너

차례

물고기 외

각시붕어 …………………… 4	꺽지 …………………… 14
묵납자루 …………………… 5	어름치 …………………… 15
큰줄납자루 ………………… 6	바다거북 ………………… 16
줄납자루 …………………… 7	남생이 …………………… 18
가시납지리 ………………… 8	게 ……………………… 20
감돌고기 …………………… 9	소라게 …………………… 20
열목어 …………………… 10	꽃게 …………………… 20
쉬리 …………………… 11	달랑게 …………………… 20
왕종개 …………………… 12	가재 …………………… 22
황쏘가리 ………………… 13	미국가재 ………………… 23
쏘가리 …………………… 13	상어 …………………… 24

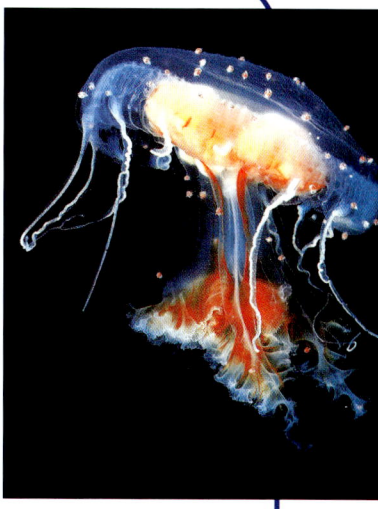

고래상어 ………… **24**	아귀 ………… **32**	나비고기 ………… **41**
검은꼬리상어 ………… **24**	해파리 ………… **33**	성게 ………… **42**
강남상어 ………… **24**	가오리 ………… **34**	주머니성게 ………… **42**
복어 ………… **26**	노랑가오리 ………… **34**	분홍성게 ………… **42**
흰점복 ………… **26**	오징어 ………… **35**	보라성게 ………… **42**
쏠배감펭 ………… **27**	줄도화돔 ………… **36**	톱니간극성게 ………… **42**
멸치 ………… **28**	열동가리돔 ………… **37**	해삼 ………… **44**
참다랑어 ………… **29**	말미잘 ………… **38**	고둥 ………… **45**
가자미 ………… **30**	해변말미잘 ………… **38**	거북손 ………… **46**
넙치 ………… **30**	흰동가리 ………… **39**	따개비 ………… **47**
쑥감펭 ………… **31**	산호 ………… **40**	해마 ………… **48**

각시붕어

옆구리에서 꼬리까지 나 있는 푸른 띠를 예쁘게 자랑하는 각시붕어는 우리 나라 토종 민물고기로 물풀이 많은 곳에서 삽니다. 몸은 옆으로 납작하며 머리는 작고 눈은 큰 편입니다. 동작이 빠르지 못해 천천히 헤엄치다가 적이 나타나면 얼른 물풀 사이로 숨어 버립니다. 조개 몸 안에 알을 낳습니다.

- 분　류 : 잉어목 잉어과
- 생김새 : 몸과 머리는 옆으로 납작한 편입니다.
- 사는 곳 : 민물고기로 물이 천천히 흐르는 하천 가장자리의 물풀이 많은 곳이나 연못에서 삽니다.
- 먹　이 : 물풀이나 돌에 붙어 있는 조류나 플랑크톤을 먹습니다.
- 특　징 : 우리 나라의 토종 물고기입니다. 놀라면 물풀이나 돌 사이로 숨습니다. 조개의 몸 안에 알을 낳습니다.

몸이 옆으로 납작한 편입니다.

묵납자루

- 분 류 : 잉어목 잉어과
- 생김새 : 몸길이 5~7cm입니다. 몸은 좁은 편이고, 옆으로 납작합니다. 눈이 크고 머리의 앞쪽으로 치우쳐 있습니다. 몸 빛깔은 어두운 갈색으로 배쪽이 연합니다.
- 사는 곳 : 우리 나라의 토종 민물고기로 물이 천천히 흐르는 개울의 물풀이 많은 곳이나 저수지에서 삽니다.
- 먹 이 : 잡식성으로 식물성과 동물성 먹이를 먹습니다.
- 특 징 : 우리 나라의 토종 물고기입니다. 혼인기가 되어 수컷의 몸이 흑갈색으로 변하면 암컷이 조개의 몸 안에 알을 낳습니다.

붕어와 비슷하게 생긴 묵납자루는 우리 나라 토종 민물고기로 저수지나 호수에 삽니다. 옆으로 납작한 몸은 어두운 갈색으로 혼인기가 되면 수컷의 몸이 흑갈색으로 변합니다. 암컷이 조개에 알을 낳으면 수컷이 정자를 뿌려 생명을 불어넣습니다. 먹성이 좋아 동물성이나 식물성 먹이를 두루 먹습니다.

큰줄납자루

몸 전체에 연한 초록빛을 띠는 큰줄납자루는 우리 나라의 토종 민물고기로 하천 중류의 물풀이 우거진 곳에서 삽니다. 잡식성으로 물에 사는 곤충을 잡아먹습니다. 암컷이 조개 속에 알을 낳으면 푸른 혼인색을 띤 수컷이 정액을 뿌립니다. 수정된 알은 조개 속에서 안전하게 자랍니다.

- 분　　류 : 잉어목 잉어과
- 생 김 새 : 몸길이는 9~11cm입니다. 몸은 옆으로 납작하며 꼬리쪽으로 갈수록 가늘어집니다. 머리는 몸에 비해 약간 작고 주둥이가 납작합니다. 꼬리 지느러미가 위아래로 갈라진 모습입니다. 등은 어두운 갈색이며 배쪽으로 갈수록 연해집니다. 몸 전체에 엷은 초록빛이 돕니다.
- 사 는 곳 : 민물고기로 하천 중류의 물이 깊지 않고 물풀이 우거진 곳에서 삽니다.
- 먹　　이 : 물에 사는 곤충과 돌에 붙은 조류를 먹습니다.
- 특　　징 : 우리 나라의 토종 물고기입니다. 민물조개의 몸 안에 알을 낳습니다.

줄납자루

- 분 류 : 잉어목 잉어과
- 생김새 : 몸길이는 암컷 12cm, 수컷 16cm입니다. 몸은 나비가 좁고 옆으로 납작합니다. 꼬리지느러미가 위아래로 깊이 갈라진 모습입니다. 등은 어두운 갈색이며 옆과 배쪽은 은백색입니다.
- 사는 곳 : 민물고기로 물이 맑고 물풀이 우거진 하천이나 늪지에서 삽니다.
- 먹 이 : 물에 사는 곤충과 돌에 붙은 미생물을 먹습니다.
- 특 징 : 우리 나라의 토종 물고기입니다. 조개의 몸 안에 알을 낳습니다. 햇빛을 받으면 몸의 푸른 띠가 더욱 빛납니다.

푸른 띠가 햇빛을 받으면 더욱 빛나는 줄납자루는 우리 나라의 토종 민물고기로 물풀이 우거진 하천이나 늪지에서 삽니다. 다른 납자루 종류와 마찬가지로 암컷이 조개에 알을 낳으면 수컷이 정액을 뿌려 줍니다. 수정된 알은 조개 속에서 안전하게 자랍니다.

가시납지리

가시납지리는 우리 나라 토종 물고기로 하천의 중류와 상류의 물살이 느린 곳에서 삽니다. 긴 타원 모양의 몸에 작고 뾰족한 주둥이 주변에 수염 흔적이 있습니다. 몸 빛깔은 은백색으로 빛나며 등쪽이 약간 푸른빛을 띱니다. 한강·금강·섬진강·영산강 등지에 삽니다.

- 분　　류 : 잉어목 잉어과
- 생 김 새 : 몸길이는 12cm입니다. 몸은 긴 타원 모양이며 옆으로 납작합니다. 꼬리 쪽이 가늘고 꼬리지느러미는 갈라져 있습니다. 몸의 뒤쪽 옆구리에 푸른빛이 나는 세로띠가 있습니다. 몸 빛깔은 은백색으로 빛나며 등쪽이 약간 푸른빛을 띱니다.
- 사는 곳 : 우리 나라 토종 민물고기로 물이 흐리고 물살이 느린 하천의 중류와 하류에서 삽니다.
- 특　　징 : 우리 나라의 토종 물고기입니다. 꼬리지느러미가 잘 발달되어 있습니다. 집에서 관상어로 기르기도 합니다.

몸이 은백색으로 빛납니다.

감돌고기

분　　류 : 잉어목 잉어과
생 김 새 : 몸길이는 7.7~10.6cm입니다. 몸은 길고 옆으로 납작합니다. 몸의 옆줄이 또렷하고 지느러미에 줄무늬가 있습니다. 꼬리지느러미는 위아래로 깊이 갈라진 모습입니다.
사 는 곳 : 민물고기로 물이 맑고 바닥에 자갈이 깔려 있는 하천의 중상류에서 삽니다.
먹　　이 : 물에 사는 곤충과 돌에 붙은 미생물을 주로 먹습니다.
특　　징 : 우리 나라의 토종 물고기입니다. 돌 밑이나 바위 틈의 꺽지가 알을 낳은 곳에 알을 낳습니다. 돌 밑에 잘 숨습니다.

몸의 옆에 검정 줄무늬가 뚜렷한 감돌고기는 우리 나라 토종 민물고기로 하천의 중·상류에서 삽니다. 몸은 옆으로 길고 납작하며 옆줄을 따라 줄무늬가 있으며 지느러미에도 검은 점이 있습니다. 꺽지가 알을 낳는 곳에 감돌고기 암컷이 알을 낳으면 수컷이 정액을 뿌려 줍니다. 알은 꺽지의 보호 속에서 꺽지의 알보다 먼저 깹니다.

열목어

열목어는 우리 나라 토종 민물고기로 물이 아주 맑고 차가운 곳에서 삽니다. 몸은 길고 옆으로 납작하며 옆과 등에 붉은 점이 많이 나 있습니다. 맑은 물을 찾아 계곡을 오르다 폭포를 만나면 멋진 솜씨로 뛰어오릅니다. 알을 낳을 때가 되면 온몸이 붉게 변하고 등지느러미와 가슴지느러미가 무지갯빛으로 아름답게 변합니다.

- 분　류 : 연어목 연어과
- 생김새 : 몸길이는 30~70cm입니다. 몸은 길고 옆으로 납작합니다. 몸과 지느러미에 작은 점이 많이 나 있습니다.
- 사는 곳 : 차가운 물에 사는 우리 나라의 토종 민물고기로서 여름에는 하천 상류의 깊은 곳에서 살며 겨울에는 어름 밑에서 삽니다.
- 먹　이 : 곤충, 작은 물고기, 연어 알, 개구리 등을 먹습니다.
- 특　징 : 강원도 정선군의 열목어 서식지를 천연기념물 제73호로, 경상북도 봉화군의 열목어 서식지를 천연기념물 제74호로 지정하여 보호하고 있습니다.

가슴지느러미 외에 덧지느러미가 한 쌍 있습니다.

쉬리

분　　류 : 잉어목 잉어과
생 김 새 : 몸길이는 암컷 10~15cm입니다. 몸은 가늘고 길며 머리가 뾰족합니다. 머리와 몸이 옆으로 납작합니다. 입은 주둥이 끝의 아래에 있고, 지느러미에 검은 무늬가 있습니다.
사 는 곳 : 우리 나라의 토종 민물고기로 물이 맑고 자갈이 깔려 있는 강의 중류와 상류의 여울에서 삽니다.
먹　　이 : 물 속 곤충이나 작은 동물을 잡아먹습니다.
특　　징 : 우리 나라의 토종 물고기입니다. 작은 무리를 이루어 바닥 가까이에서 헤엄치다가 사람이 나타나면 바위 틈으로 숨습니다. 주먹 크기의 돌에 알을 낳아 붙입니다.

날씬한 몸으로 멋을 잔뜩 부리는 쉬리는 우리 나라의 토종 민물고기로 맑고 깨끗한 강의 중·상류에 삽니다. 머리에서부터 꼬리까지 곧게 나 있는 옆줄은 아름다운 빛깔로 빛나며 지느러미에 검은 무늬가 멋을 더해 줍니다. 맑은 물을 좋아하여 물이 오염되면 살지 못합니다.

돌 틈에 잘 숨습니다.

왕종개

미꾸라지와 비슷한 왕종개는 우리 나라의 토종 민물고기로 물살이 빠른 강의 중·상류에서 삽니다. 다른 종개 종류보다 굵고 크며 몸 전체에 갈색 무늬가 있습니다. 작은 돌이나 자갈·모래에 잘 숨으며 몸이 미끄러워 맨손으로 잡으면 쉽게 잡히지 않습니다.

- 분　　류 : 잉어목 기름종개과
- 생 김 새 : 몸길이는 10~15cm입니다. 몸은 미꾸라지 모양으로 길며, 머리와 함께 옆으로 납작합니다. 몸 빛깔은 연한 노란색이며, 등은 진한 갈색, 배는 하얀색입니다. 몸 전체에 진한 갈색 무늬가 있습니다.
- 사 는 곳 : 강의 중·상류의 물살이 빠르고 자갈이 깔려 있는 곳에서 삽니다.
- 먹　　이 : 잡식성으로 주로 물에 사는 곤충을 잡아먹습니다.
- 특　　징 : 우리 나라의 토종 물고기입니다. 다른 종개 종류보다 큽니다. 작은 돌, 자갈, 모래에 잘 숨습니다.

돌이나 모래에 잘 숨습니다.

황쏘가리

- 분　　류 : 농어목 농어과
- 생 김 새 : 몸길이는 20~40cm입니다. 몸은 긴 편이며 옆으로 납작합니다. 주둥이 위쪽이 둥글고 끝이 뾰족하며 입이 큽니다. 몸 빛깔이 노란 황금색입니다.
- 사 는 곳 : 하천의 중·상류 맑고 깊은 물에서 삽니다.
- 먹　　이 : 어린 물고기나 민물새우 등을 잡아먹습니다.
- 특　　징 : 쏘가리의 돌연변이로 겉모습이 아름다워서 관상용으로 기르기도 합니다. 한강의 황쏘가리를 천연기념물 제190호로 지정하여 보호하고 있습니다. 비슷한 종류로 쏘가리, 은쏘가리가 있습니다.

몸빛깔이 황금처럼 빛나는 황쏘가리는 토종 민물고기로 1~2급수의 맑은 물에서만 삽니다. 바위나 자갈을 좋아하고 하천의 변화에 잘 적응합니다. 어린 물고기나 민물새우 등을 잡아먹는 물고기입니다. 한강에 살고 있는 황쏘가리를 천연기념물 제190호로 지정하여 보호하고 있습니다.

쏘가리 맑고 깊은 물에서 살며 살아 있는 물고기만 먹습니다.

꺽지

새끼를 무척 사랑하는 꺽지는 우리 나라 토종 민물고기로 물이 맑고 자갈이 많은 곳에서 삽니다. 몸에 비해 머리가 크고 머리 위쪽에 눈이 달려 있어 조금 무서운 모양이지만 새끼가 자랄 때까지 보호해 주는 등 자식 사랑이 많은 물고기입니다. 낮에는 돌 틈에 숨어 있다가 밤에 활동합니다.

- 분　　류 : 농어목 꺽지과
- 생 김 새 : 몸길이는 15~20cm입니다. 몸과 머리는 좌우로 납작한 모양입니다. 몸은 연한 초록빛이 도는 갈색이며, 옆에 검정색 무늬가 있습니다. 눈이 위쪽에 달려 있습니다.
- 사 는 곳 : 하천 중상류의 물이 맑고, 자갈이 많은 곳에서 삽니다.
- 먹　　이 : 물에 사는 곤충, 작은 물고기 등을 잡아먹습니다.
- 특　　징 : 우리 나라의 토종 물고기입니다. 낮에는 돌 틈에 숨어 있다가 밤에 주로 활동합니다.

아가미 뒤에 청록색 점이 있습니다.

어름치

- 분　　류 : 잉어목 잉어과
- 생 김 새 : 몸은 원통 모양에 가까우며 몸길이는 15~40 cm입니다. 주둥이가 둥글며, 몸의 곁에 검은 점이 많이 나 있으며 꼬리에 화살 모양의 검정 무늬가 있습니다.
- 사 는 곳 : 물이 맑고 자갈이 많은 강의 중·상류에 삽니다.
- 먹　　이 : 물 속에 사는 곤충이나 갑각류를 먹습니다.
- 특　　징 : 우리 나라 특산종으로 천연기념물 제259호로 지정하여 보호하고 있습니다.

온몸에 검은 점이 많이 나 있는 어름치는 우리 나라 토종 물고기로 물이 맑고 바닥에 자갈이 많은 곳에서 삽니다. 원통 모양의 몸에 앞부분은 굵고 뒤로 갈수록 가늘어집니다. 자갈밭에 웅덩이를 파고 알을 낳은 뒤 돌을 끌어다 탑을 쌓아 둡니다.

지느러미에도 검정 무늬가 있습니다.

바다거북

짧은 다리로 느릿느릿 걷는 육지거북은 파충류로 행동이 느리지만 단단한 등딱지가 있어서 적의 공격을 피할 수 있습니다. 바다거북은 앞다리가 노처럼 생겨서 헤엄을 잘 칠 수 있습니다. 어미가 바닷가 모래땅에 구덩이를 파고 알을 낳습니다.

- 분　류 : 거북목 바다거북과
- 생김새 : 등딱지 길이는 1~1.2m입니다. 푸른색 또는 갈색 무늬가 있는 등딱지가 있으며, 배쪽은 누런 흰색입니다. 네 다리가 노처럼 발달되어 있습니다.
- 사는 곳 : 바다에서 삽니다. 체온을 높이기 위해 뭍에 올라와 일광욕을 하기도 합니다.
- 먹　이 : 주로 해조류를 뜯어 먹으며, 동물성 먹이도 잡아먹습니다.
- 특　징 : 바닷가 모래땅에 구덩이를 파고 알을 낳습니다. 갓 깨어난 새끼거북은 바닷물 속으로 들어갈 때까지 천적들의 습격을 받아 죽는 일이 많습니다.

앞다리가 노처럼 발달되어 있어서 헤엄을 잘 칩니다.

물 위로 머리를 내밀고 숨을 쉽니다.

어미거북들이 알을 낳기 위해 땅으로 올라오고 있습니다.

거북은 딱딱한 등딱지로 몸을 보호합니다.

남생이

강이나 냇가에 사는 남생이는 파충류로 물갈퀴가 달린 발로 헤엄을 치며 다닙니다. 느릿느릿 다니다가 작은 물고기나 갑각류 등을 잡아먹습니다. 거북처럼 단단한 등딱지가 있어서 적의 습격을 받아도 다리와 목을 집어넣어 피합니다.

- 분　류 : 거북목 남생이과
- 생김새 : 몸길이는 20~25cm입니다. 진한 갈색 등딱지가 있으며, 노란 줄무늬가 있습니다. 발에 발톱이 있고 물갈퀴가 있습니다.
- 사는 곳 : 민물에서 삽니다.
- 먹　이 : 잡식성으로 물고기, 갑각류, 물에 나는 식물을 먹습니다.
- 특　징 : 물가 모래땅에 구덩이를 파고 알을 낳습니다. 한방에서 약으로 쓰기도 합니다.

민물에서 삽니다.

알에서 깨어나는 남생이

땅에 올라와 구덩이를 파고 알을 낳습니다.

잡식성으로 물고기 등을 잡아먹습니다.

게

바닷물이 빠진 갯벌에서 엉금엉금 기어다니는 게는 갑각류로 몸이 딱딱한 딱지로 덮여 있습니다. 네 쌍의 걷는다리와 한 쌍의 집게다리가 있지만 대부분 옆으로 걷습니다. 게의 종류는 매우 많습니다. 전세계에 45,000여 종이 알려져 있으며, 우리 나라에도 꽃게·영덕대게·참게·집게 등 180여 종이 있습니다.

- 분　류 : 십각목 파행아과
- 생김새 : 단단한 등딱지로 덮여 있으며, 걷는다리 4쌍과 집게다리 1쌍이 있습니다. 눈이 튀어나와 있으며 접어 넣을 수 있습니다. 종류에 따라 크기와 모양, 빛깔이 다릅니다.
- 사는 곳 : 갯벌이나 땅 속에 굴을 파고 삽니다. 모래나 진흙 바닥, 바위가 있는 곳에서도 삽니다.
- 먹　이 : 죽은 물고기나 조개 등을 먹습니다.
- 특　징 : 집게다리로 먹이 등을 집습니다. 옆으로 걷습니다. 땅 위에서는 아가미에 모아 둔 물로 숨을 쉬기 때문에 거품을 내뱉습니다. 등딱지가 자라지 않기 때문에 허물벗기를 합니다. 알을 배에 품습니다.

꽃게 네 번째 다리가 노처럼 발달되어 있어서 헤엄을 잘 칩니다.

달랑게 그리 길지 않은 눈자루를 자유롭게 세웁니다.

소라게 등딱지가 없는 대신 소라 껍데기를 집으로 삼고 삽니다.

암컷이 알을 배에 품고 다닙니다.

가재

게와 새우의 중간 모습을 하고 있는 가재는 등딱지가 딱딱한 갑각류로 맑고 깨끗한 물에서만 삽니다. 긴 더듬이를 흔들며, 커다란 집게다리로 적과 싸우기도 하고 먹잇감을 집거나 자르기도 합니다. 가재는 민물에서 주로 살지만 바다가재는 바다에서 삽니다.

- 분　류: 십각목 가재과
- 생김새: 머리와 가슴이 합쳐진 머리가슴이 약간 납작한 원기둥 모양입니다. 머리부터 배까지 딱딱한 껍질로 둘러싸여 있습니다. 꼬리 쪽에는 배마디가 다섯 개 있습니다. 5쌍의 다리가 머리가슴 아래로 달려 있습니다. 수염이 기다랗습니다.
- 사는 곳: 깨끗한 계곡이나 냇물에 삽니다. 바다에서 사는 종류도 있습니다.
- 먹　이: 죽은 물고기나 벌레 등을 먹습니다.
- 특　징: 아가미로 숨을 쉽니다. 다리의 일부분이 잘려 나가도 다시 자랍니다. 땅 속에 구멍을 뚫고 그 속에서 겨울잠을 잡니다.

수염이 기다랗고 집게다리가 매우 큽니다.

집게다리로 먹이를 잡아먹고 적을 물리칩니다.

가재 머리

미국가재 민물가재보다 빛깔이 화려하고 큽니다.

상어

톱니 같은 이빨로 바닷속 물고기들을 마구 잡아먹는 상어는 바닷물고기로 전세계의 바다에서 삽니다. 얕은 바다에 사는 상어를 비롯해서 넓은 바다를 헤엄쳐 다니는 종류와 깊은 바다에서 사는 것들이 있습니다. 머리와 꼬리 쪽이 뾰족한 모양이며 아래쪽에 날카로운 이빨을 가진 입이 있습니다. 뼈가 연하고 무른 연골어류에 속합니다.

분　　류 : 종류에 따라 다릅니다.
생김새 : 몸길이는 16cm~18m 정도입니다. 몸이 둥글며, 머리와 꼬리 쪽으로 갈수록 가늘어집니다. 머리 아래쪽에 입이 있고, 이빨은 이중으로 나 있으며 단단하고 날카롭습니다. 꼬리지느러미는 갈라져 있지만 크기가 서로 다릅니다.
사는 곳 : 전세계의 먼 바다에서 삽니다.
먹　　이 : 다랑어, 고등어, 연어 등 물고기나 새우, 게 등의 갑각류를 잡아먹습니다.
특　　징 : 물고기 중에서 가장 큽니다. 지느러미가 잘 발달되어 있습니다. 종류가 매우 많습니다.

검은꼬리상어
지느러미 끝이 까맣습니다.

고래상어
몸이 상어 중에서 가장 크지만 이빨이 작고 온순합니다.

강남상어
성질이 매우 난폭합니다.

몸에 있는 옆줄로 물의 파장을 통해 다른 물체의 움직임을 알아 냅니다.

복어

적이 나타나면 몸을 부풀려 겁을 주는 복어는 바닷물고기로 온대 및 열대 바다에서 삽니다. 대개 갸름한 달걀 모양이며 입은 작고 눈이 큽니다. 비늘이 가시 모양인 종류도 있습니다. 복어의 내장에는 무서운 독이 있어서 잘못 먹으면 큰일납니다.

- 분　　류 : 복어목 복과 (종류에 따라 과는 다릅니다.)
- 생 김 새 : 몸은 갸름한 달걀 모양이며, 입은 작고 눈은 큰 편입니다. 몸의 표면이 매끄러운 것과 가시 모양의 비늘인 것이 있습니다.
- 사 는 곳 : 온대 및 열대 바다에서 삽니다.
- 먹　　이 : 새우, 게, 불가사리, 작은 물고기 등을 잡아먹습니다.
- 특　　징 : 적이 덤비거나 놀라면 물을 한껏 들이마셔서 배를 부풀려 몸을 크게 합니다. 몸에 독이 있어 잘못 먹으면 큰일납니다. 흰점복·가시복·참복·뿔복 등 종류가 많습니다.

적이 나타나면 물을 들이마시거나 가시를 세워 몸을 부풀립니다.

흰점복 몸에 여러 가지 구름무늬가 있습니다.

쏠배감펭

- 분　　류 : 쏨뱅이목 양볼락과
- 생 김 새 : 몸길이는 약 30cm입니다. 몸은 양 끝이 뾰족한 방추형이며, 머리와 함께 옆으로 납작합니다. 눈은 머리의 등 쪽에 치우쳐 있으며 두 눈 사이가 깊이 패였습니다. 몸에 줄무늬가 있고, 등지느러미와 가슴지느러미가 길며 매우 화려합니다.
- 사 는 곳 : 물이 얕고 바닥이 바위로 이루어진 가까운 바다에서 삽니다.
- 먹　　이 : 물고기와 갑각류를 잡아먹습니다.
- 특　　징 : 등지느러미 가시에 독샘이 있습니다. 적이 나타나면 지느러미의 가시를 세워 물리칩니다.

지느러미가 매우 길고 화려한 쏠배감펭은 바닷물고기로 얕은 바닷속에서 삽니다. 몸과 머리는 옆으로 납작합니다. 기다란 지느러미를 뽐내듯이 하늘거리며 헤엄쳐 다니다가 적을 만나면 독이 있는 등지느러미의 가시로 찔러 물리칩니다.

깊지 않은 바닷속에서 살며 아주 작은 생물들을 먹습니다.

멸치

반찬이나 조미료로 이용하는 멸치는 바닷물고기로 깊지 않은 대륙붕 해역에서 삽니다. 크기가 아주 작지만 커다란 무리를 이루어 바다 표면 가까이 헤엄쳐 다니면서 아주 작은 생물을 먹고 삽니다. 멸치로 멸치젓을 담그고, 말려 두었다가 반찬이나 조미료로 씁니다.

- 분　류: 청어목 멸치과
- 생김새: 아주 작은 바닷물고기로 몸길이는 최대 15cm입니다. 몸은 가늘고 길며 조금 납작합니다. 입은 크며 비스듬히 경사집니다. 몸의 등 쪽은 짙은 푸른빛을 띠며, 중앙과 배는 은백색을 띱니다.
- 사는 곳: 깊이 200m 이내인 바다에서 삽니다.
- 먹　이: 바닷속의 플랑크톤, 물고기의 알 등 아주 작은 생물을 먹습니다.
- 특　징: 바다 표면 가까운 곳에서 커다란 무리를 이루어 생활합니다.

말린 멸치로 반찬을 만들어 먹고, 음식을 만들 때 조미료로 넣습니다.

참다랑어

- 분　　류: 농어목 고등어과
- 생 김 새: 아주 큰 바닷물고기로 몸길이 3m까지 자랍니다. 몸은 양 끝이 뾰족한 원기둥 모양입니다. 몸의 등쪽은 진한 푸른색을 띱니다. 둥근 비늘이 몸 전체를 덮고 있습니다.
- 사 는 곳: 먼바다에 살며 바닷물 표면의 바로 아래에서 헤엄쳐 다닙니다. 연안 가까이에 나타나기도 합니다.
- 먹　　이: 멸치·청어·꽁치 등을 주로 먹으며, 새우·오징어·해파리 등도 먹습니다.
- 특　　징: 작고 둥근 비늘이 몸 전체를 덮고 있습니다. 참치라고도 합니다. 회나 초밥 등으로 먹으며, 통조림으로도 먹습니다.

흔히 참치라고 하는 참다랑어는 바닷물고기로 먼 바다에서 삽니다. 주둥이가 길고 끝이 뾰족하며 입이 큽니다. 둥그런 모양의 비늘이 몸 전체를 감싸고 있습니다. 바닷물 표면 바로 아래를 헤엄쳐 다니면서 오징어 등을 마구 잡아먹습니다. 고기의 맛이 좋아 회나 초밥으로 먹으며 통조림으로도 만들어 먹습니다.

온몸이 둥근 비늘로 덮여 있으며 주둥이 아래턱이 위턱보다 깁니다.

가자미

몸이 납작하고 모래 빛깔과 비슷한 가자미는 바닷물고기로 바다 밑바닥에서 삽니다. 어렸을 때에는 눈이 양쪽에 나뉘어 있지만 자라면서 바다 밑의 모래 바닥에 눕는 습성 때문에 한쪽으로 쏠립니다. 몸의 위쪽은 모래와 비슷하지만 바닥에 닿는 아래쪽은 하얗습니다. 도다리, 서대, 넙치 등 여러 종류가 있습니다.

- 분　류 : 가자미목 가자미과
- 생김새 : 바닷물고기로 몸은 타원 모양이며 매우 납작합니다. 몸의 오른쪽에 눈이 모여 있습니다. 등지느러미와 배지느러미가 몸을 감싸고 있는 것처럼 나 있습니다. 모래와 비슷한 노란 갈색입니다.
- 사는 곳 : 주로 바다 밑 모래바닥에서 삽니다.
- 먹　이 : 바닷속의 갑각류를 잡아먹습니다.
- 특　징 : 적이 나타나면 모래를 풀썩이고 도망갑니다. 어렸을 때에는 눈이 양쪽에 있지만 자라면서 한쪽으로 모입니다.

넙치 가자미와 비슷하며 눈이 왼쪽으로 모여 있습니다.

쑥감펭

- 분　류 : 쏨뱅이목 양볼락과
- 생김새 : 몸길이는 최대 50cm입니다. 은색의 몸에 수염 같은 것이 많이 나 있습니다. 머리 위에 톱날 같은 가시가 두 개 나 있으며 지느러미에도 가시가 많이 나 있습니다.
- 사는 곳 : 얕은 바다의 바위가 많고 산호초가 있는 곳에서 삽니다.
- 먹　이 : 작은 물고기를 잡아먹습니다.
- 특　징 : 몸의 빛깔이 주변의 산호나 바위 등과 비슷하게 변합니다. 먹잇감이 마음놓고 지나가면 재빨리 잡아먹습니다. 적이 나타나면 가만히 있다가 들킬 것 같으면 모래먼지를 풀썩이고 도망갑니다.

주변의 환경과 비슷하게 몸을 바꾸는 쑥감펭은 바닷물고기로 얕은 바다의 산호가 많은 바위 지대에서 삽니다. 붉은 몸에 알록달록한 무늬가 있고 주변의 빛깔과 비슷하여 적의 눈을 속이기 쉽습니다. 산호나 바위처럼 위장하고 있다가 먹잇감인 작은 물고기가 지나가면 재빨리 잡아먹습니다.

주변 환경과 같은 빛깔로 위장합니다.

아귀

머리가 몸 전체의 반 이상을 차지하고 있는 아귀는 바닷물고기로 깊은 바다의 밑바닥에서 삽니다. 몸과 머리가 납작하고 입이 매우 큽니다. 입 위쪽에 안테나처럼 나 있는 촉수로 물고기를 꾀어 잡아먹습니다. 입이 크고 흉하게 생겼으며 자신의 크기만한 물고기도 마구 잡아먹습니다.

분　류 : 아귀목 아귀과

생김새 : 몸길이는 약 40cm입니다. 몸과 머리가 납작하고 몸 전체의 3분의 2가 머리 부분이며, 입이 매우 큽니다. 입 위쪽에 등지느러미의 가시가 변한 촉수가 안테나처럼 뻗어 있습니다. 몸 빛깔은 회갈색입니다.

사는 곳 : 깊은 바다의 바닥에서 삽니다.

먹　이 : 잡식성으로 오징어·가오리·가자미·새우 등을 마구 잡아먹습니다.

특　징 : 입 위쪽에 나 있는 촉수로 물고기를 꾀어 잡아먹습니다.

안테나처럼 생긴 촉수로 물고기를 꾀어 잡아먹습니다.

해파리

- 분　　류 : 강장동물 해파리류
- 생 김 새 : 위쪽은 펼친 우산 모양으로 둥글며, 아래쪽에 많은 촉수가 늘어지듯이 달려 있습니다. 아래쪽 가운데에 입이 있습니다.
- 사 는 곳 : 대부분 바다에서 삽니다. 민물에 살기도 합니다.
- 먹　　이 : 작은 플랑크톤을 먹습니다. 작은 물고기, 갑각류의 유생 등도 먹습니다.
- 특　　징 : 해류나 파도를 따라 움직입니다. 촉수로 먹이를 잡은 다음 촉수 끝에 있는 독침으로 마비시킵니다.

바닷속을 유유히 헤엄치듯 다니는 해파리는 몸이 젤리처럼 말랑말랑한 자포 동물로 펼친 우산 모양으로 생겼습니다. 많은 촉수가 아래로 늘어져 있고 그 가운데에 입이 있습니다. 촉수에 있는 독침으로 먹이를 쏘아 마비시킨 다음 입으로 가져가 먹습니다. 해파리 중 숲뿌리해파리와 근구해파리의 갓 부분을 먹습니다.

스스로 헤엄치는 힘이 약해 바닷물에 떠다니며 이동합니다.

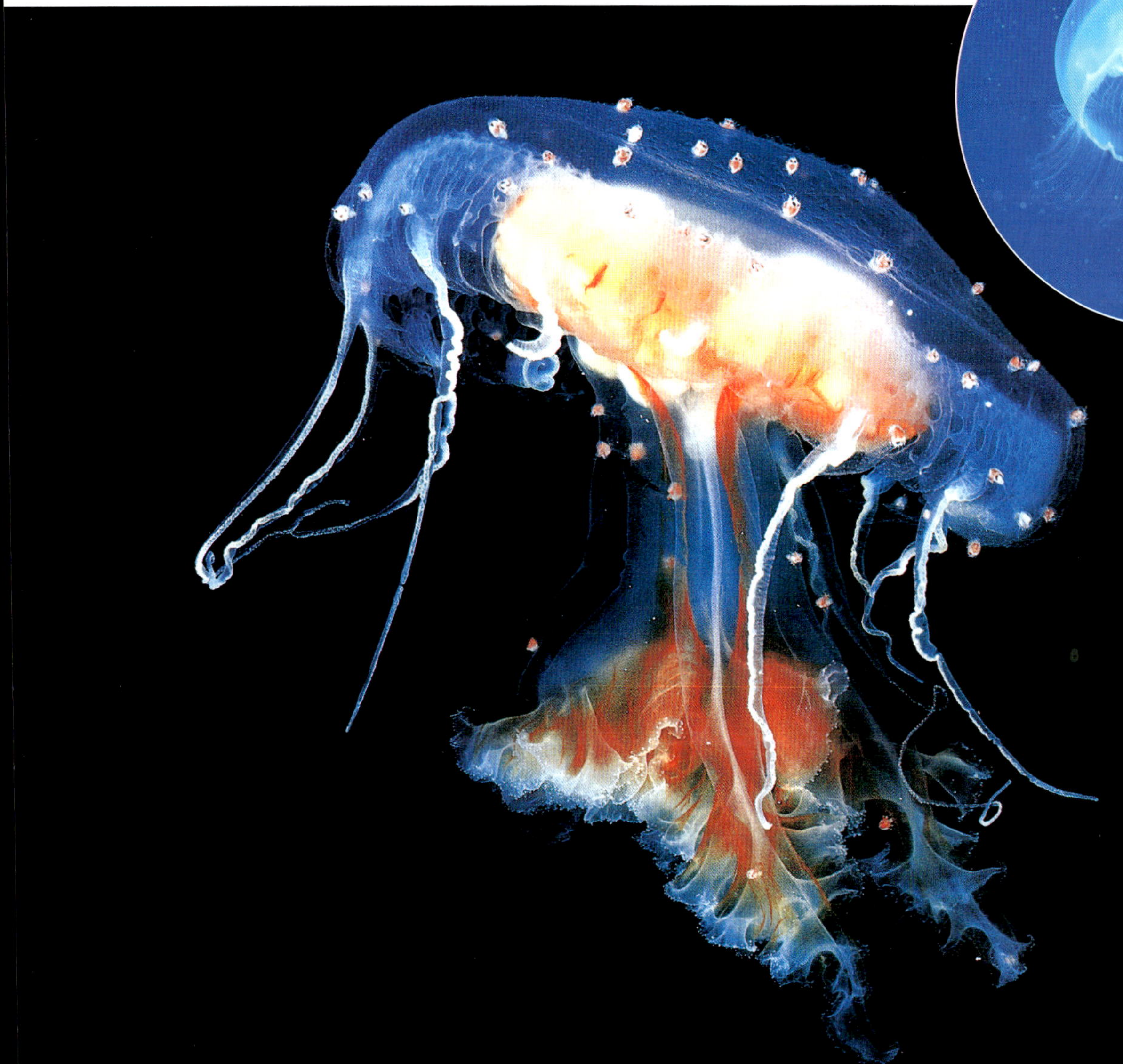

가오리

몸이 납작하고 5각형 모양인 가오리는 바닷물고기로 바다나 강 하구에서 삽니다. 눈은 등쪽에 있고 입과 아가미 구멍은 배쪽에 있습니다. 가늘고 기다란 꼬리 끝에 무서운 독이 있는 가시가 있어서 적을 물리치거나 먹이를 잡는 데 사용합니다. 노랑가오리, 꽁지가오리, 홍어 등 종류가 많습니다.

분 류 :	연골어류 홍어목 과는 종류에 따라 다릅니다.
생김새 :	몸길이는 종류에 따라 수십cm~8m입니다. 몸이 납작하고, 꼬리가 기다랗습니다. 눈은 등쪽에 있고, 코·입·항문·아가미구멍은 배쪽에 있습니다. 꼬리에 무서운 독이 있는 가시가 있습니다.
사는 곳 :	대부분 바다에서 살지만 민물에서 사는 것도 있습니다.
먹 이 :	작은 물고기·갑각류·조개류를 먹습니다.
특 징 :	노랑가오리, 꽁지가오리, 전기가오리, 홍어 등 약 350종이 있습니다. 전기가오리는 전기를 일으켜 먹이를 잡거나 적을 물리칩니다.

노랑가오리

오징어

분　　류 : 두족류 십완목
생김새 : 바다에 사는 연체동물로 몸은 원통형입니다. 세모 모양의 지느러미가 위에 달려 있고 아래에 다리가 10개 나 있습니다. 머리는 몸통과 다리 사이에 있습니다. 다리에 동글동글한 빨판이 달려 있습니다.
사는 곳 : 가까운 바다에서 깊은 바다까지 두루 삽니다.
먹　　이 : 새우, 게, 조개, 작은 물고기를 잡아먹습니다.
특　　징 : 지느러미를 사용하여 천천히 헤엄치다가 적이 나타나면 먹물을 내뿜고 뒤쪽으로 도망갑니다. 우리 나라의 울릉도 부근에서 많이 잡힙니다. 오징어로 요리를 해 먹고, 말려서 먹습니다.

적을 만나면 먹물을 내뿜고 도망가는 오징어는 연체동물로 바다에 삽니다. 몸통과 다리 사이에 머리가 있으며, 다리는 10개입니다. 보통 때는 몸통 끝에 있는 지느러미로 헤엄을 치며 다니다가 급할 때면 배 쪽에 있는 깔때기로 물을 내뿜으며 도망갑니다.

주변 환경과 비슷하게 몸의 빛깔을 바꿉니다.

줄도화돔

몸빛깔이 곱고 예쁜 줄도화돔은 바닷물고기로 깊이 100m 이내의 모래펄이나 바위가 많은 곳에서 삽니다. 많은 물고기가 무리를 지어 살며 주로 밤에 활동합니다. 암컷이 알을 낳으면 수컷이 입 속에 받아 넣고 다니며 알을 부화시키고 새끼를 기릅니다.

- 분　류 : 농어목 동갈돔과
- 생김새 : 바닷물고기로 몸길이는 최대 12cm입니다. 몸은 긴 타원 모양이고 옆으로 납작합니다. 눈은 크고 아래턱이 위턱보다 깁니다. 꼬리지느러미의 가장자리가 오목합니다. 몸빛깔은 아름다운 분홍빛으로 빛납니다.
- 사는 곳 : 수심 100m 정도의 모래펄이나 바위 부근에서 삽니다.
- 먹　이 : 작은 새우 종류와 작은 물고기를 먹습니다.
- 특　징 : 암컷이 알을 낳으면 수컷이 알덩어리를 입 속에 품어서 부화시키고 새끼를 기릅니다. 새끼를 기르는 동안에는 먹이를 먹지 않습니다.

수컷의 입 속에 알이 가득 들어 있습니다.

암컷이 낳는 알을 수컷이 입으로 받고 있습니다.

열동가리돔

분　　류 : 농어목 동갈돔과
생 김 새 : 달걀 모양의 몸은 작고 몸높이도 낮습니다. 몸과 머리가 옆으로 납작하며 눈이 크고 머리의 등 쪽에 쏠려 있습니다. 몸 옆에 폭이 좁은 갈색 가로띠가 있습니다.
사 는 곳 : 100m 이내의 바닷속 모래가 있는 곳에서 삽니다.
먹　　이 : 주로 새우 종류나 플랑크톤을 먹습니다.
특　　징 : 수컷이 수정된 알을 입 속에 품어 부화시킵니다. 그 동안에 수컷은 먹이를 전혀 먹지 않지만 암컷은 더욱 잘 먹습니다.

열동가리돔은 바닷물고기로 깊이 100m 이내의 모래가 있는 곳에서 삽니다. 많은 물고기가 무리를 지어 살며 주로 밤에 활동합니다. 주둥이 끝이 둔하고 아래턱이 위턱보다 조금 큰 입은 비교적 큽니다. 암컷이 알을 낳으면 수컷이 입 속에 넣고 다니며 알을 부화시킵니다.

말미잘

가늘고 긴 촉수를 물풀처럼 흐늘거리며 먹이를 잡는 말미잘은 강장동물로 바다에서 다른 동물이나 바위에 붙어 삽니다. 움직일 수 있지만 속도가 느려 거의 움직이지 않는 것처럼 보입니다. 독이 들어 있는 기다란 촉수로 먹이를 잡아먹으며 흰동가리와 서로 돕고 삽니다.

- 분　　류 : 해변말미잘목 과는 종류에 따라 다릅니다.
- 생 김 새 : 둥그런 몸통에 가늘고 긴 촉수가 많이 있습니다.
- 사 는 곳 : 대부분 다른 동물이나 바위에 붙어 삽니다. 헤엄쳐 다니거나 모래 속에 묻혀 사는 종류도 있습니다.
- 먹　　이 : 주로 플랑크톤을 먹으며, 물고기도 잡아먹습니다.
- 특　　징 : 흰동가리와 서로 도우며 삽니다. 촉수의 모양과 색이 아름다워 '바다의 아네모네' 또는 '바다의 장미'라고 불립니다.

해변말미잘
주로 바위 틈에 붙어 삽니다.

흰동가리

- 분　류 : 농어목 자리돔과
- 생김새 : 몸길이는 약 15cm입니다. 몸은 긴 타원 모양이며 옆으로 납작합니다. 아래턱이 위턱보다 튀어나와 있으며, 몸통과 꼬리자루에 하얀 띠가 3개 나 있습니다.
- 사는 곳 : 해안의 바위 사이 말미잘이 많은 곳에 삽니다.
- 먹　이 : 떠다니는 갑각류와 해조류를 먹습니다.
- 특　징 : 적이 나타나면 말미잘의 촉수 사이로 숨습니다. 말미잘은 흰동가리가 먹다 남은 것을 먹거나 흰동가리를 보고 쫓아오는 먹이를 잡아먹으며 서로 도우며 삽니다. 암컷이 죽으면 남아 있는 수컷이 암컷으로 변합니다.

주황색 몸에 하얀 띠가 예쁘게 나 있는 흰동가리는 바닷물고기로 해안의 바위 사이 말미잘이 있는 곳에서 삽니다. 말미잘의 독침에 한 번만 쏘이면 면역이 생겨서 다음부터는 괜찮습니다. 몸집이 작아 적을 방어할 특별한 능력이 없어 말미잘의 근처에 살면서 적이 나타나면 말미잘의 촉수 사이로 얼른 숨습니다.

적이 나타나면 독침이 있는 말미잘의 촉수 사이로 숨습니다.

산호

몸 빛깔이 울긋불긋 아름다운 산호는 식물이 아니고 동물입니다. 촉수와 강장으로 이루어진 폴립이라는 것이 많이 모여 하나의 산호를 이루고 있습니다. 맑고 깨끗한 바다에 살면서 많은 촉수로 숲을 이루어 납작한 물고기들을 숨겨 주기도 합니다. 촉수가 8개인 팔방산호류와 6의 배수로 되어 있는 육방산호류로 크게 나뉩니다.

분　류 : 종류에 따라 다릅니다.
생김새 : 가지가 많은 나무 모양으로, 여러 개의 폴립으로 이루어져 있습니다. 폴립에는 강장과 여러 개의 촉수가 있으며 촉수 끝에는 무서운 독이 있는 독침이 있습니다. 강장은 먹이를 소화시키고 양분을 흡수하며 자손을 늘리는 역할을 합니다.
사는 곳 : 맑고 깨끗한 바다에서 삽니다.
먹　이 : 동물성 플랑크톤처럼 아주 작은 생물이나, 게·새우·작은 물고기 등을 먹습니다.
특　징 : 밤에 독침이 있는 촉수를 오므렸다 폈다 하면서 먹이를 잡습니다.

나뭇가지처럼 뻗은 촉수에 독침이 있습니다.

나비고기

- 분   류 : 농어목 나비고기과
- 생 김 새 : 달걀 모양의 몸이 옆으로 심하게 납작하며 주둥이가 뾰족합니다. 꼬리지느러미가 위아래로 넓게 펴지며 몸에 줄무늬가 있습니다. 가슴지느러미가 매우 커서 펼치면 몸 전체가 나비의 날개 모양이 됩니다.
- 사 는 곳 : 연해의 바위가 많고 해초가 자라는 곳에서 삽니다.
- 먹   이 : 갯지렁이나 물고기 알, 해면류 등을 먹습니다. 무리가 알을 지키고 있는 자리돔을 공격하여 알을 빼앗아 먹기도 합니다.
- 특   징 : 모양이 아름답고 예뻐서 관상용으로 기르기도 합니다.

모양과 빛깔이 나비처럼 예쁜 나비고기는 바닷물고기로 연해의 해초가 많은 곳에서 삽니다. 옆으로 납작한 몸에 가슴지느러미가 매우 커서 펼치면 나비의 날개 모양이 됩니다. 대개 암컷과 수컷이 짝을 이루어 지내며, 많은 수가 무리를 지어 다니기도 합니다.

무리를 지어 다니기도 합니다.

성게

밤송이와 같은 가시가 나 있는 성게는 극피동물로 바위가 많은 바닷속에서 삽니다. 몸의 아래에 있는 관족으로 먹이를 잡거나 이동하며 해조류 등을 먹습니다. 보라성게·나팔성게·연분홍성게 등 종류가 많습니다.

- 분　류 : 종류에 따라 다릅니다.
- 생김새 : 단단한 석회질 껍데기로 싸여 있는 몸에서 가시가 많이 나 있어 밤송이와 비슷합니다. 몸의 표면에 돌기가 있고 돌기에서 가시가 나 있습니다. 몸의 아래에 실 모양의 관족이 있고 가운데에 입이 있습니다.
- 사는 곳 : 바닷속의 바위가 많은 곳에 주로 삽니다. 바위 위, 돌 밑, 바위의 오목한 곳 등 종류에 따라 좋아하는 곳이 다릅니다.
- 먹　이 : 해조류와 생물체의 조각이나 죽은 동물을 먹습니다.
- 특　징 : 몸을 움직일 때나 먹이를 잡을 때, 관족과 가시를 이용합니다. 가시에 독이 있는 종류도 있습니다.

분홍성게

주머니성게

톱니간극성게

보라성게

성게는 종류가 많으며 종류에 따라 가시의 모양도 여러 가지입니다.

해삼

여러 가지 요리로 먹는 해삼은 극피동물로 얕은 바닷속에 삽니다. 앞뒤로 긴 원기둥 모양에 혹 모양의 돌기가 나 있습니다. 몸의 앞쪽에 입이 있고 입 주변에 촉수가 있습니다. 몸의 아래에 관족이 있으며 관족으로 기어다닙니다. 해삼·검정해삼·쇠빛검정해삼·흰검정해삼 등 종류가 많습니다.

- 분 류 : 극피동물 해삼강
- 생 김 새 : 극피동물로 몸은 앞뒤로 긴 원기둥 모양입니다. 등에 혹 모양의 돌기가 여러 개 나 있습니다. 몸 빛깔은 밤색에 갈색 얼룩이 있습니다.
- 사 는 곳 : 얕은 바다 밑바닥에서 삽니다.
- 먹 이 : 모래 속에 있는 작은 생물을 잡아먹습니다.
- 특 징 : 해삼은 내장을 재생시키는 능력이 있어서 적을 만나면 내장을 뱉어 냅니다. 내장이 적의 몸에 닿으면 달라붙어서 꼼짝 못하게 됩니다. 해녀가 잠수하여 잡으며, 회·볶음·찜·탕으로 먹습니다. 약효가 인삼과 같다고 하여 해삼이라고 했습니다.

적을 만나면 내장을 뱉어 내고 도망가는 종류도 있습니다.

고둥

- 분　　류 : 연체동물 복족류
- 생 김 새 : 대부분 등 위에 나사 모양으로 비틀린 껍데기가 있습니다. 머리에 더듬이가 있으며 몸 아래쪽에 넓적한 배다리가 있습니다.
- 사 는 곳 : 바닷물이 드나드는 개펄이나 모래펄 등지에 주로 삽니다.
- 먹　　이 : 바닷풀 등을 먹습니다.
- 특　　징 : 종류가 많고 종류에 따라 껍데기의 모양이 여러 가지입니다.

등 위에 나사 모양의 껍데기를 지고 있는 고둥은 연체동물로 배다리가 있는 복족류입니다. 주로 바닷물이 드나드는 개펄이나 모래펄에서 해초 등을 먹고 삽니다. 갯고둥·갑생이고둥·두드럭고둥·옆주름고둥·소라고둥·털탑고둥·테두리고둥 등 종류가 많습니다.

머리에 더듬이가 한 쌍 있습니다.

거북손

언뜻 보면 조개와 같아 보이는 거북손은 따개비와 비슷한 갑각류의 민각류로 수십 개씩 바위에 붙어 삽니다. 머리 부분에는 30개 정도의 크고 작은 석회판으로 둘러싸여 있으며, 바닷물이 들어오면 실같이 생긴 다리를 내밀어 물 속의 플랑크톤을 잡아먹습니다. 따개비류와 같이 암수한몸입니다.

- 분　　류 : 완흉목 거북손과
- 생김새 : 몸의 위쪽 끝은 손톱 모양이며, 황회색 네모꼴로 된 석회판으로 덮여 있습니다. 자루 부분은 석회질의 잔 비늘로 덮여 있습니다.
- 사는 곳 : 바닷물이 드나드는 바닷가 바위에 붙어서 삽니다.
- 먹　　이 : 플랑크톤을 잡아먹습니다.
- 특　　징 : 바닷물이 들어와 몸이 물에 잠기면 석회판 사이에서 덩굴 모양의 다리를 내밀어 물을 저어 숨을 쉬고 먹이를 잡습니다.

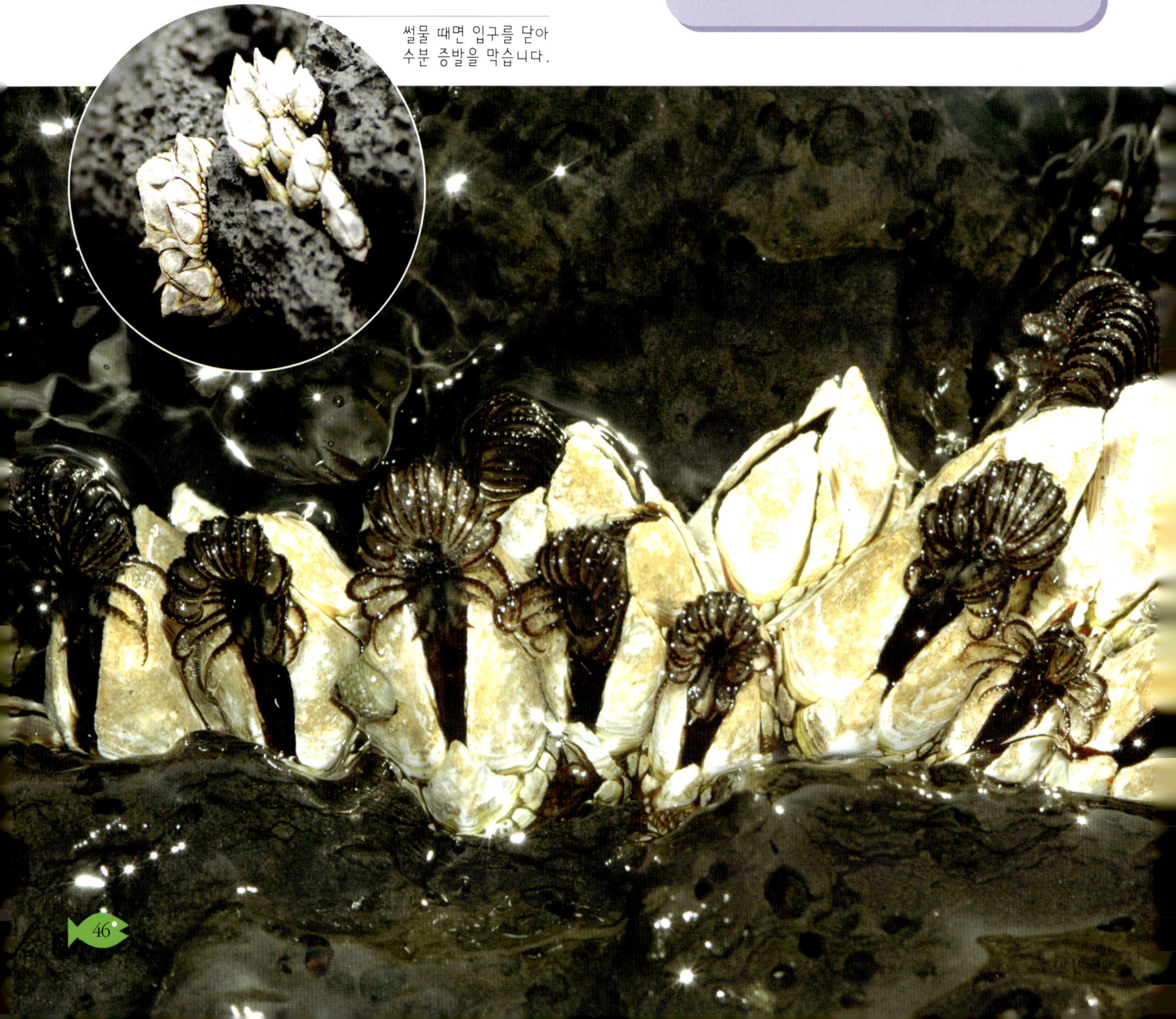

썰물 때면 입구를 닫아 수분 증발을 막습니다.

따개비

- 분　　류 : 완흉목 따개비과
- 생 김 새 : 몸길이는 10~15mm입니다. 분화구가 있는 화산 모양이 많으며, 딱딱한 석회질로 덮여 있습니다.
- 사 는 곳 : 어릴 때에는 물에 떠다니다가 자라면 바닷가 바위나 말뚝, 배 밑에 붙어서 삽니다.
- 먹　　이 : 물 속의 플랑크톤을 잡아먹습니다.
- 특　　징 : 물이 빠지면 입구를 닫아 수분 증발을 막고 물이 들어오면 가슴다리를 입구에 내놓고 먹이를 먹습니다.

조그만 분화구처럼 생긴 따개비는 갑각류로 바위나 말뚝 등 단단한 것에 무리지어 붙어 삽니다. 딱딱한 석회질로 덮여 있는 몸은 山자 모양입니다. 바닷물이 빠지면 분화구처럼 생긴 입구를 닫아 수분 증발을 막고 바닷물이 들어오면 6쌍의 가슴다리를 내놓아 플랑크톤 등을 잡아먹습니다.

입구가 분화구처럼 생겼습니다.

해마

모양이 말의 머리와 비슷하게 생긴 해마는 바닷물고기로 해안 가까운 바다에서 삽니다. 몸은 많은 골판으로 구성되어 있으며 머리가 거의 직각으로 구부러져 있습니다. 수컷이 배에 있는 육아낭에 알을 넣어 부화시키고 새끼를 기릅니다.

분　　류 : 실고기목 실고기과
생 김 새 : 바닷물고기로 몸길이는 6~10.5cm입니다. 몸이 말의 얼굴처럼 길고 머리가 거의 직각으로 구부러져 있습니다. 몸 빛깔은 여러 가지이며, 특히 연한 갈색에 진한 갈색이 섞여 있습니다.
사는 곳 : 해안 가까운 바닷속에서 삽니다.
먹　　이 : 잡식성으로 오징어·가오리·가자미·새우 등을 마구 잡아먹습니다.
특　　징 : 수컷이 자기의 육아낭에 알을 넣고 다니며 부화시켜 기릅니다.

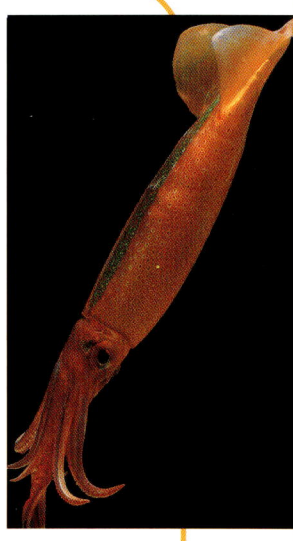

가나다순 물고기 외 찾아보기

ㄱ	가시납지리	8
	가오리	34
	가자미	30
	가재	22
	각시붕어	4
	감돌고기	9
	강남상어	24
	거북손	46
	검은꼬리상어	24
	게	20
	고둥	45
	고래상어	24
	꺽지	14
	꽃게	20
ㄴ	나비고기	41

	남생이	18
	넙치	30
	노랑가오리	34
ㄷ	달랑게	20
	따개비	47
ㅁ	말미잘	38
	멸치	28
	묵납자루	5
	미국가재	23
ㅂ	바다거북	16
	보라성게	42
	복어	26
	분홍성게	42
ㅅ	산호	40
	상어	24
	성게	42
	소라게	20
	쉬리	11
	쏘가리	13
	쏠배감펭	27

	쑥감펭	31
ㅇ	아귀	32
	어름치	15
	열동가리돔	37
	열목어	10
	오징어	35
	왕종개	12
ㅈ	주머니성게	42
	줄납자루	7
	줄도화돔	36
ㅊ	참다랑어	29
ㅋ	큰줄납자루	6
ㅌ	톱니간극성게	42
ㅎ	해마	48
	해변말미잘	38
	해삼	44
	해파리	33
	황쏘가리	13
	흰동가리	39
	흰점복	26